La Agenda 2030 Al Descubierto (2021-2050)

Crisis Económica e Hiperinflación, Escasez de Combustible y Alimentos, Guerras Mundiales y Ciberataques

(El Gran Reajuste y el Futuro Tecno-Fascista Explicado)

Rebel Press Media

Descargo de responsabilidad

Nuestros otros libros

Consulte nuestros otros libros para ver otras noticias no divulgadas, hechos expuestos y verdades desacreditadas, y mucho más.

Únase al exclusivo Círculo de Medios de Comunicación de Rebel Press.

Todos los viernes recibirás en tu bandeja de entrada nuevas actualizaciones sobre la realidad no denunciada.

Inscríbase hoy aquí:

https://campsite.bio/rebelpressmedia

Introducción

A menos que cambie algo drástico, el mundo será sin duda testigo del primer conflicto nuclear en la década de 2020".

El "Great Reset" ha sido planeado para extender el actual sistema en decadencia, pero fracasará" - Las poblaciones de Estados Unidos, Alemania y Gran Bretaña han sido sustancialmente eliminadas para 2025, las riquezas han desaparecido - "Occidente busca instigar el conflicto con Rusia para mantener su propia hegemonía, pero fracasará"

Hace años, nos llamaron la atención las pesimistas predicciones de Deagel.com, un sitio privado de inteligencia geopolítica y militar que se basa en cifras, informes y documentos oficiales de la CIA, el Departamento de Defensa de EE.UU., el Banco Mundial, el Foro Económico Mundial, la UE, el FMI y casi todos los demás organismos y organizaciones internacionales creíbles, entre otros. Nada parece haber cambiado desde la actualización de septiembre de 2020: Occidente sigue en colapso total en 2025, mientras que la intensidad del golpe varía de un país a otro.

Estados Unidos, el Reino Unido y Alemania se verán especialmente afectados, mientras que los Países Bajos y Finlandia se salvarán. No obstante, Deagel estima que aproximadamente un millón de personas perecerán en nuestro país.

Deagel predijo en 2014 que el bloque occidental a ambos lados del Atlántico se derrumbaría en 2025 como resultado de la impresión de dinero y la deuda sin restricciones. Ese destino sigue siendo inevitable. Además, la crisis de Corona ha demostrado que "el modelo de éxito del mundo occidental se basa en civilizaciones carentes de resiliencia, que apenas pueden soportar cualquier adversidad, incluso de poca intensidad." Esto es algo que suponíamos, y ahora tenemos pruebas inequívocas".

El Gran Reinicio es un método para prolongar temporalmente la vida de un sistema moribundo.

A través del llamado Great Reset, que, al igual que el cambio climático, el levantamiento de la extinción, la crisis planetaria, la "revolución verde" y los bulos del petróleo de esquisto, es propagado por el establishment, la crisis de Covid será utilizada para prolongar la vida de este sistema económico fallido.

Si quieres saber más sobre los objetivos exactos y el futuro previsto del gran reseteo, consulta nuestros otros libros sobre el tema, puedes encontrarlos bajo el nombre de nuestra editorial "Rebel Press Media" en las principales librerías.

Todo lo relacionado con el "Gran Reajuste", incluidos los cierres de la corona y la aniquilación intencionada de la hostelería, el turismo y la mayor parte del sector de las PYMES, tiene por objeto revertir rápidamente la economía del gasto para que podamos seguir más o menos en la misma línea durante unos años más. 'Eso puede funcionar durante un tiempo, pero no curará el problema de fondo y se limitará a posponer lo inevitable'. La élite gobernante sólo quiere mantenerse en el poder, que es lo único que le importa'.

'Covid ha demostrado que Occidente es incapaz de enfrentarse a la adversidad'.

'Por una convergencia de problemas, el colapso del sistema bancario occidental -y en última instancia de la civilización occidental- es el elemento fundamental de la profecía, y tiene un final desastroso'. Covid ha demostrado que la diversidad y el liberalismo radical han hecho que las civilizaciones occidentales sean incapaces de enfrentarse a la adversidad real'.

Deagel utiliza como ejemplo la pandemia de gripe española de hace casi un siglo. Mató a entre 40 y 50 millones de personas. Ahora bien, dado que la población mundial es cuatro veces mayor, la corona habría matado al menos a entre 160 y 200 millones de personas si hubiera sido igual de terrible (dado el globalismo y los intensos viajes aéreos, el doble es más

probable). Sin embargo, la cifra de muertos
(posiblemente exagerada artificialmente) asciende
ahora a 2,9 millones, o el 0,037% de la población
mundial, lo que equivale a un débil brote de gripe
estacional.

**La mayoría de los países ricos pagarán el precio más
alto".**

'Es muy probable que la catástrofe económica mundial
provocada por los cierres mate a más gente que el
virus', afirma Deagel. 'La dura realidad de la diversa y
variada sociedad occidental es que un colapso se
cobrará entre el 50% y el 80%, dependiendo de
numerosas condiciones' (de la población). En general,
los estados de bienestar más diversos, multiculturales y
endeudados (con los niveles de vida más altos) pagarán
el precio más alto'.

Sólo el "consumo excesivo", con enormes dosis de
degeneración ilimitada empaquetada como virtud,
mantiene nuestra extraña y errónea cultura occidental
unida como "pegamento". La "legislación sobre el odio"
y las señales contradictorias sugieren que, a pesar de la
considerable censura, este pegamento ya no es eficaz.
Sin embargo, no todos tienen que morir; la migración
también puede ser beneficiosa".

Los analistas predicen que los países del Segundo y
Tercer Mundo que se adhieren al "viejo orden mundial"

6

se alinearán con Occidente. Sin embargo, como estos países son más pobres, el impacto será mucho más suave. Además, con frecuencia se trata de civilizaciones todavía homogéneas (cohesionadas), que históricamente han sido bastante más resistentes a las grandes crisis sistémicas u otros desastres. Los países que miran a China son los que tienen más posibilidades de recuperar rápidamente la estabilidad.

La tercera guerra mundial es el "acontecimiento más probable en la década de 2020", según los expertos.

Rusia y China han comenzado a desarrollar una alianza estratégica económica y militar, a pesar de que la UE se opone desde hace años a cualquier reconciliación con Rusia e incluso la presenta como un enemigo (que sustituirá a Occidente y formará el verdadero Nuevo Orden Mundial). En contra de la creencia popular en Occidente, Rusia y China ya están muy por delante de Estados Unidos y Europa (OTAN) en términos de tecnología militar en varios sectores.

Una nueva gran guerra (mundial) se considera incluso "el acontecimiento importante más probable" en estos 20 años. El primer escenario es una guerra convencional (como la que está a punto de estallar en Ucrania) que se convierte en una guerra nuclear. El segundo escenario se sitúa entre 2025 y 2030, y supone un abrumador ataque sorpresa ruso contra Occidente. Para consternación de la élite militar occidental, los rusos demostraron en Siria en 2015 que son capaces de llevar a cabo un ataque de este tipo a la perfección a una distancia de más de 2.000 kilómetros.

La ironía es que, desde el final de la Guerra Fría, EE.UU. ha puesto a la OTAN en posición de llevar a cabo ese "primer ataque" a Rusia, y ahora parece que ese primer ataque sí se va a producir, pero el país que va a ser rematado es EE.UU.".

Los occidentales son snobs y están engañados".

Otra característica de la sociedad occidental es que a sus súbditos se les ha lavado el cerebro hasta el punto de que la mayoría ha llegado a aceptar su superioridad moral y su ventaja tecnológica como un hecho. Esto ha despejado el camino para que los argumentos emocionales triunfen sobre los intelectuales, que son ignorados o descartados. Esta forma de pensar podría desempeñar un papel importante en las catástrofes que se avecinan".

Si no cambia algo drástico, el mundo vivirá la primera guerra nuclear".

Empezar una guerra parece ser una forma rápida y fácil de recuperar la hegemonía perdida. Francia no tenía armas nucleares en 1940, por lo que no podía convertir una derrota en una victoria. Debido a la incómoda posibilidad de convertirse en "el dictador y su puta asquerosa" que huyen aterrorizados mientras el resto del mundo se ríe de ellos, Occidente puede intentarlo ahora.

A menos que cambie algo drástico, el mundo será sin duda testigo de la primera guerra nuclear". La desaparición del bloque occidental podría ocurrir antes, durante o después de la guerra. No hay diferencia. Una guerra nuclear es un riesgo con miles de millones de víctimas, y la cifra será de cientos de millones durante el colapso'.

Índice de contenidos

Capítulo 1: ¿Sólo quedan 5 años?

Los autores predijeron hace 23 años grandes atentados terroristas (de falsa bandera), megacrisis financieras, la aparición del estado policial e incluso una gran epidemia viral que culminaría en una nueva guerra mundial...
¿Por qué la humanidad se niega a aprender del pasado?

Los autores William Strauss y Neil Howe demostraron, a partir de 500 años de historia occidental, que el ascenso y el colapso de una civilización siguen ciertos procesos y patrones que no pueden evitarse una y otra vez en su libro de 1997 The Fourth Turning. Anticiparon que estos principios históricos conducirían a la desaparición de la civilización occidental en 2025.

Hasta la irrupción de un enorme virus, las fases y situaciones que detallaron hace 23 años resultaron ser casi escalofriantemente exactas. ¿Es posible que hayan llegado los últimos cinco años de nuestra civilización?

Desgraciadamente, todo indica que, efectivamente, han llegado los últimos 5 años.

Un conocido proverbio dice: "La historia se repite". Strauss y Howe investigaron cómo prosperaron, gobernaron y finalmente desaparecieron las civilizaciones antiguas y modernas. Descubrieron varios paralelismos sorprendentes, como un ciclo de 80 años con cuatro fases distintas:

11

1. El período de prosperidad que sigue a una crisis catastrófica. En nuestro caso fue la Segunda Guerra Mundial. Como sociedad, empezamos a reconstruir juntos. Todo el mundo compartía la misma ambición: crear un futuro mejor para sus (nietos) y para ellos mismos. La moral era buena y la confianza en el gobierno era alta. El resultado fue un aumento masivo de la prosperidad y el bienestar del hombre corriente.

2. La toma de conciencia. Este periodo comenzó en los años 60, cuando un número creciente de personas empezó a desafiar las normas e ideales del orden existente, así como sus juicios. Tuvimos la revolución "psicodélica", así como manifestaciones antibélicas contra guerras tan mortíferas como inútiles, como la de Vietnam. Las protestas y los movimientos por los derechos civiles ganaron en popularidad.

3. Descomposición. Occidente salió de la gran crisis de finales de los setenta y principios de los ochenta gracias a la política económica, financiera y exterior del presidente Ronald Reagan, y entró en una era de extraordinario crecimiento en los noventa. En contraste con su apogeo, esta expansión ahora beneficia sobre todo al "gran dinero", a Wall Street, a los bancos, a las corporaciones multinacionales, a la élite poderosa, y sólo a unos pocos ciudadanos que tuvieron que conformarse con las migajas del auge de la riqueza.

Al mismo tiempo, la sociedad desplazó su énfasis de lo comunitario a lo individual, lo que dio lugar a las generaciones egocéntricas de "selfie" y Facebook de hoy, cuyas vidas giran principalmente en torno a sus propias percepciones, experiencias, sentimientos, contactos y opiniones. La pérdida de un objetivo compartido, exacerbada en parte por el objetivo de borrar las fronteras nacionales, sociales, culturales y personales, dio lugar a una fragmentación generalizada en la sociedad y la política, así como a una pérdida generalizada del sentido de la identidad.

Al mismo tiempo, la sociedad desplazó su énfasis de lo comunitario a lo individual, lo que dio lugar a las generaciones egocéntricas de "selfie" y Facebook de hoy, cuyas vidas giran principalmente en torno a sus propias percepciones, experiencias, sentimientos, contactos y opiniones. La pérdida de un objetivo compartido, exacerbada en parte por el objetivo de borrar las fronteras nacionales, sociales, culturales y personales, dio lugar a una fragmentación generalizada en la sociedad y la política, así como a una pérdida generalizada del sentido de la identidad. Este vacío resultó ser un caldo de cultivo para el surgimiento de la moderna y sectaria religión del "cambio climático" y otros grupos extremistas como Black Lives Matter.

4. El inicio de la crisis. Con el inicio de la crisis financiera en 2008, comenzó la fase final. Los políticos utilizaron cantidades inimaginables de dinero de los contribuyentes para rescatar a sus amigos de la banca y, lo que es más importante, a ellos mismos y a sus propias creencias políticas, dejando que el pueblo pagara el coste. Se tomaron varias decisiones en contra del deseo de la mayoría, como la mayor integración de los Estados miembros de la UE en un superestado, la formación de un flujo perpetuo de dinero del Norte al Sur (Unión de Transferencias), y la gran importación de millones de migrantes del mundo musulmán, y el desmantelamiento gradual de nuestro suministro estable y barato de alimentos y energía y de nuestra prosperidad por un problema climático que se nos ha chupado.

Desde las crisis financieras hasta las huelgas terroristas y los brotes virales, casi todo se hizo realidad.

Echa un vistazo a los cinco principales acontecimientos y eventos predichos por Strauss y Howe para las fases 3 y 4, que creen que llevarán a la desaparición de nuestra civilización:

1. **Colapso financiero y económico.** El Estado sube los impuestos, confisca los bienes de los residentes y establece una sociedad de control totalitaria. Los ciudadanos se resisten en la fase final (por ejemplo, los Altavoces Amarillos en Francia), lo que lleva a los gobiernos a desplegar fuerzas de seguridad. Al final se impone el estado de sitio o algún otro tipo de estado de emergencia perpetuo.

2. Un gran atentado terrorista contra una compañía aérea (cuatro años antes del 11-S) al que Estados Unidos reacciona con la fuerza militar. La policía y las fuerzas de seguridad adquieren cada vez más poder, y ahora se les permite regular y detener a los civiles en las calles y, posteriormente, en sus casas sin motivo aparente. El aumento de los asaltos suscita la preocupación de la bandera falsa, lo que provoca acusaciones contra el gobierno.

3. Caída del mercado de valores. Empezando por Wall Street, los bancos de todo el mundo se hunden y los gobiernos se ven obligados a endeudarse masivamente a costa de la sociedad para "rescatar" a estas instituciones. (En 2008, esto sucedió.) La segunda crisis financiera comenzó en la UE en 2015, cuando el BCE implementó tipos de interés negativos. La próxima crisis financiera "caliente", que se utilizará para digitalizar completamente el movimiento del dinero, se espera que ocurra en 2021).

4. Brote de virus. Una nueva y peligrosa enfermedad se está extendiendo rápidamente, y se utilizará para justificar cuarentenas a gran escala (cierres) y otras políticas autoritarias, robando a los residentes casi todas sus libertades.

5. Conflicto armado. Rusia reclama el control de las anárquicas ex repúblicas soviéticas (lo que no ocurrió) y crea una asociación estratégica con Irán (tampoco ocurrió). Enfrentamientos militares en todo el mundo (que han ocurrido: Irak, Afganistán, Siria, Yemen, Libia, Azerbaiyán-Armenia, tensiones militares China-EE.UU., China-Japón, China-India, India-Pakistán, EE.UU./OTAN-Rusia, EE.UU./Israel/Arabia Saudí-Irán, Turquía-India) dan lugar a guerras brutales, que podrían conducir a la Tercera Guerra Mundial.

El cuarto punto de inflexión ha comenzado.

En consecuencia, el "Cuarto Punto de Inflexión" en Estados Unidos y Europa está muy avanzado y parece haber llegado a su conclusión (2020-2025). Durante años, la sociedad se ha vuelto más insegura y violenta. La gente se polariza cada vez más en campos de "derecha" e "izquierda" cada vez más radicales, con la "derecha" queriendo volver a un periodo más estable y próspero en el que todavía tenían voz y voto en el futuro de sus propios países, y la "izquierda" queriendo demoler todas las estructuras existentes, con la inmigración masiva, la política climática y la "diversidad" como sus principales armas.

El terror de la opinión "políticamente correcta" del gobierno y de los medios de comunicación dominantes, que ciertamente en 2020 funcionará puramente como un "Ministerio de Propaganda", asegura mientras tanto que un grupo cada vez mayor de personas, que están preocupadas por los desarrollos y las decisiones que se toman una y otra vez, son arrinconadas e ignoradas y/o tachadas de "racistas de extrema derecha" o "teóricos de la conspiración".

Al fin y al cabo, la política de izquierdas aspira a obtener el poder mediante la violencia.

Tras la asombrosa victoria electoral de Donald Trump sobre Hillary Clinton, la candidata del gobierno en la sombra del "Estado profundo", estallaron protestas masivas bien organizadas (Antifa, Black Lives Matter), financiadas por el globalista de extrema izquierda George Soros, con la esperanza de impedir la reelección de Trump provocando todo el caos y la violencia posibles.

La "derecha" patriótica de Estados Unidos sigue guardando un gran silencio, pero los analistas creen que un número considerable de partidarios de Trump está preparado para defender a su presidente, sobre todo si los demócratas, con la ayuda de los medios de comunicación que controlan, dan un golpe de estado declarando ganador a Joe Biden después del 3 de noviembre, incluso si Trump hubiera obtenido una victoria masiva. Los enfrentamientos violentos son inevitables, y algunos analistas incluso predicen una nueva guerra civil y la probable división de Estados Unidos en muchas secciones. Esto tendrá implicaciones de gran alcance también para Europa.

Es la moral, no la tecnología, la que define la civilización.

Mucha gente comete el error de centrarse únicamente en los avances tecnológicos ("¡Mira toda esa nueva tecnología inteligente!") y en las condiciones socioeconómicas superficiales ("Seguimos estando bastante bien, ¿no?") a la hora de evaluar la salud de una civilización. Sin embargo, estos no son los indicadores más importantes de la salud de una civilización. Esto se debe a que la mentalidad y la moralidad tanto de la gente como de sus líderes se mantiene en pie o cae constantemente, literalmente.

Los políticos que ya no se avergüenzan del enriquecimiento propio, las mentiras y los engaños (y mucho menos de dimitir), sino que los emplean como algo natural, suelen estar a la cabeza del declive. Promesas electorales y plataformas que se incumplen por completo o se revierten. Sin consultar a los ciudadanos, se impulsan tratados y decisiones que perjudican a la sociedad y a la soberanía. Las libertades se reducen progresivamente, o tal vez se eliminan por completo, con diversos pretextos como una "crisis climática" o una "pandemia de virus".

La prensa libre ha sido prácticamente comprada y es controlada y utilizada indebidamente como Ministerio de Propaganda, y la libertad de expresión se está erosionando constantemente. Sólo hay una "vía correcta" en todos los ámbitos políticos; la oposición disidente es demonizada, despreciada o silenciada. Las voces disidentes son vilipendiadas, burladas o silenciadas. Los políticos y personajes públicos "equivocados" son sometidos a juicios de exhibición, excluidos, despedidos o marginados de otras maneras.

Estamos ante un gobierno que quiere más poder y lo obtiene mediante más impuestos y regulaciones, así como una serie de requisitos adicionales que ahogan la privacidad y la libertad de autodeterminación. Además, impone consecuencias más duras a los que rechazan y, por tanto, empieza a actuar como una organización terrorista. El poder judicial sólo actúa como un "sello de aprobación" de la política gubernamental, al igual que lo hacía en el bloque oriental comunista. La "separación de poderes" ya no es un problema, por lo que los ciudadanos y las pequeñas empresas no tienen ninguna perspectiva de ganar una demanda judicial contra el gobierno.

Un error crítico: el dinero se concentra en un pequeño grupo de élite.

La conexión con la caída del Imperio Romano es más que válida por todas estas razones. En Roma se celebraba la corrupción total en la marea alta, como todavía se hace, y era "la fiesta" y "el negocio como siempre" hasta el final. El dinero no podía dejar de depreciarse, y la vida se orientaba cada vez más hacia el placer, la diversión y el disfrute cada vez más planos e interminables. Nadie parecía ver que el imperio estaba decayendo desde dentro. Como resultado, el Imperio, que antes se creía invencible, podría implosionar y disolverse en cuestión de días antes de caer definitivamente.

En cuanto al sombrío panorama de nuestra civilización, "El Cuarto Giro" no es ni mucho menos el único. El Centro Espacial Goddard de la NASA financió hace seis años un proyecto de investigación dirigido por la matemática Safa Motesharrei (National Socio-Environmental Synthesis Center). Compararon los avances de Occidente con los de las civilizaciones romana, Han, Maurya, Gupta y Mesopotámica.

Determinaron que en los últimos 5.000 años ninguna civilización altamente desarrollada, compleja o creativa ha sido capaz de mantenerse indefinidamente, y que Occidente también está al borde de la extinción. La razón principal es que, al igual que cualquier otra civilización anterior, Occidente parece haber cometido el error crítico de no repartir adecuadamente la creciente riqueza entre toda la sociedad.

La inmensa mayoría del dinero, sobre todo durante los años 90, se ha concentrado en manos de una pequeña minoría de élite (principalmente en los sectores financiero, económico y político), a pesar de que lo producen las masas más pobres. Los más pobres, en cambio, son ajenos a ello.

Este desequilibrio conduce a un colapso "tipo L", en el que la gente de a pie no puede llegar a fin de mes como consecuencia del aumento de la carga, y se empobrece y pasa hambre. Los gobiernos, como es habitual en todas partes, responden con un mayor control y represión, oprimiendo y aterrorizando a sus ciudadanos. Entonces se producen levantamientos populares masivos, revoluciones y guerras civiles, a veces lentas, a veces rápidas, en las que los civiles buscan vengarse de la élite.

Deagel y el modelo informático del MIT

Además de "The Fourth Turning" y los estudios de la NASA, el afamado modelo informático "World One" del Instituto Tecnológico de Massachusetts (MIT), desarrollado en 1973 y continuamente actualizado posteriormente, predijo el colapso de la civilización entre 2020 y 2040.

En los últimos años han aparecido varios artículos sobre Deagel, un sitio web de inteligencia militar privada sin ánimo de lucro que predice la desaparición de cientos de millones de personas en Europa y América de aquí a 2025 como resultado de un colapso total de la economía, la prosperidad y la sociedad, basándose en datos de la CIA, el FMI y la ONU.

La carga insostenible de la deuda que tanto Estados Unidos como Europa han acumulado, según Deagel, es la principal culpable, que finalmente acabará con

nuestra prosperidad en una serie de graves catástrofes.
Las personas que puedan emigrar lo harán, pero otros
millones perecerán en el pandemónium subsiguiente o
se suicidarán porque sus estilos de vida seguros han
sido destruidos para siempre. Según Deagel, tras la
caída de Occidente, el centro de la civilización humana
se trasladará a Rusia y China.

'Una probable epidemia mundial de, por ejemplo, ébola
o cualquier otro virus ni siquiera se cuenta en las cifras',
escribí el 16 de agosto de 2018 en un artículo titulado
'El modelo informático del MIT predice el fin de la
prosperidad en 2020 y el fin de la civilización en 2040.'

En 2020, se producirá una crisis vírica fabricada y la élite
occidental tomará el poder.

¿Es posible aún evitar el colapso de nuestra civilización?
Sí, pero para ello es necesario algo que nunca se ha
hecho antes en el mundo, en ninguna época: líderes
que vuelvan sobre sus pasos, abandonen su cultura del
nepotismo, del abuso de poder y de la codicia, y
devuelvan la prosperidad y la libertad al pueblo.
Además, deben asumir la responsabilidad de sus
(malos) actos y estar dispuestos a sufrir las
consecuencias. Echa un vistazo a La Haya, Bruselas,
Berlín, París, Roma y Washington: ¿crees que esto
ocurrirá?

Este año, la élite occidental ha utilizado un coronavirus
similar al de la gripe común para dar un golpe de estado

final único en la historia de la humanidad con el fin de evitar una nueva catástrofe bancaria y de deuda mundial. Nunca antes los líderes políticos habían oprimido a sus propios ciudadanos hasta tal punto, prohibiendo y criminalizando el contacto humano habitual y destruyendo el bienestar y la prosperidad de cientos de millones de personas en todo el mundo.

Según diversas estimaciones, el número de muertes causadas por la política de Corona -incluyendo un gran número de pacientes no tratados o tratados tardíamente con enfermedades cardíacas, tumores, hemorragias cerebrales, diabetes, etc., así como personas que mueren de hambre o se suicidan- es ya un múltiplo del número oficial de muertes de Covid, que probablemente es al menos diez veces mayor debido a la falsificación de datos demostrada. Las fuerzas gobernantes, por otro lado, ven esto como un sacrificio necesario para el "Gran Reset", que se está llevando a cabo bajo la Agenda 21/30 de la ONU comunista.

Sólo una gran rebelión pacífica podrá derrocar el sistema de control totalitario.

Esta "cábala" de políticos y multimillonarios intentará evitar las inevitables revueltas populares de los próximos años combinando el distanciamiento social obligatorio (1,5 metros) con tecnología punta (cientos de miles de millones de cámaras y sensores, miles de satélites, 5G, vacunas que alteran el ADN), así como la

represión violenta de policías y militares, para
establecer un estado totalitario sin precedentes.

¿Qué pueden hacer las naciones para evitar un futuro
tan horrible para ellas y sus (nietos)? La única solución
es utilizar el poder de los números: levantarse
pacíficamente en grandes grupos; decidir por millones
dejar de cooperar con las medidas. Un porcentaje
significativo de la comunidad empresarial, así como la
policía y el ejército, apoyan al pueblo.

La violencia nunca es una solución; simplemente
conduce a más violencia y a una intervención por la
fuerza, lo que lleva a más derramamiento de sangre.
Sólo se justifica la violencia cuando un gobierno (ya sea
un régimen de ocupación o el propio) recurre al
terrorismo y comienza a detener, encarcelar y eliminar
violentamente a los ciudadanos en "instalaciones"
(campos de internamiento/concentración, prisiones,
etc.) sin ningún tipo de juicio y/o basándose en leyes
ilegales.

Cuando se lleven a cabo redadas, se saque a la gente de
sus casas y se la lleven, y los policías y militares
empiecen a disparar munición real en las calles, sabrás
que ese momento ha llegado, y que nos hemos
convertido de nuevo en territorio BEZET, algo que
rogamos fervientemente que no ocurra nunca.
Entonces tienes el derecho, así como la obligación, de
defenderte a ti mismo y a tus seres queridos.

¿Crees en los escenarios del fin del mundo?

Es posible que usted descarte los sombríos escenarios anteriores como escenarios apocalípticos. Al menos en el pasado, la mayoría de la población ha reaccionado así ante las advertencias y señales de calamidad inminente.

Por eso la historia se repite una y otra vez, y la humanidad rara vez, o nunca, parece aprender de sus errores. Los pueblos y las civilizaciones se han negado una y otra vez a reconocer que la prosperidad y la libertad no son un hecho, que hay que luchar por ellas a diario, y que si no lo hacemos, si preferimos preocuparnos por el materialismo y el entretenimiento, los ávidos de poder siempre ganarán, dando paso a una nueva era de miseria y opresión.

¿Por qué estamos tan poco dispuestos a aprender de la historia? Porque no reconocemos que la historia es cíclica y no lineal. Porque, arrogantes como somos, nos negamos a considerar la idea de que la historia puede repetirse en cualquier momento. Por eso se repite EXACTAMENTE DE LA MISMA MANERA, una y otra vez. Una vez más, se dirige por el camino equivocado a una velocidad vertiginosa, y nosotros tenemos la culpa. Aquellos que se niegan a ver esto no merecen más que la dictadura totalitaria que se nos está imponiendo a todos.

Capítulo 2: ¿Suicidio económico en Europa?

La nueva crisis del euro podría haberse evitado - "La gente debe afrontar el peor escenario: todo está en la cuneta".

Las empresas quiebran y empiezan a arrastrar a otras empresas con ellas. En septiembre, el 50% del sector de la hostelería corre el riesgo de caer, porque un metro y medio no les va a funcionar, porque no se puede sobrevivir con sólo la mitad de los clientes. 'Los impuestos no se ajustan, se aplazan', comienza Hulleman. 'Resulta que las ayudas estatales se contabilizan como volumen de negocio, sobre el que hay que pagar impuestos. A los empresarios les están pillando por la izquierda, por la derecha, por detrás y por delante. Así que la crisis ha comenzado'.

Wellens descubrió, poco después de la crisis de 2008, que "el dinero de los impuestos se destina a rescatar a los multimillonarios, a los bancos. ¿Por qué hacer eso? Por eso en 2015 puso en marcha la iniciativa Peuro, junto con Jort Kelder y Thierry Baudet, para conseguir una investigación parlamentaria sobre el euro y el funcionamiento de la eurozona.

No llegó, ni se tomaron decisiones audaces para evitar una nueva crisis del euro. Se podría haber hecho saliendo del euro, o suprimiendo el euro, o reduciéndolo, y aceptando que muchas deudas

problemáticas nunca se pagarán, y que por tanto
podrían haberse condonado.

**Nadie en Europa debería tener dudas sobre el sagrado
proyecto del euro.**

Hay una estipulación en el ESM (Mecanismo Europeo de
Estabilidad) firmado por los Países Bajos, que puede
incluir 700.000 millones de euros, según la cual si surge
una dificultad financiera en la eurozona, el director de
ese fondo puede llamar a los Países Bajos, y entonces
debemos pagar cualquier cantidad exigida en un plazo
de 7 días.

Arno Wellens lo bautizó como el "euroevangelio", y
también fue el título de uno de sus libros. Si sacas el
tema en una discusión neutral con miembros del
parlamento, te lo impiden. Por ejemplo, "¿Cómo te
atreves a cuestionar el sagrado proyecto del euro?
"Aunque es la mayor amenaza para los ciudadanos
europeos de todos los tiempos", dice Hulleman. Jort
Kelder lo ha calificado como la mayor decisión
económica de la historia de Europa, y sin embargo está
prohibido discutirlo. Después de todo, ¿por qué no?
Porque es incorrecta".

El votante es constantemente engañado sobre el hecho
de que son principalmente los bancos los que quieren
tener este mecanismo porque quieren saber que
siempre serán rescatados por el BCE (es decir, con
dinero de los contribuyentes). "Sin embargo, no se

puede responder a la pregunta objetiva e imparcial de cómo proceder con el euro", dice Wellens. En consecuencia, se las apañan hasta la próxima crisis, que ya está en marcha. Entonces hay una discusión.

Corona es el culpable del peor desastre económico del mundo.

Desde 2015, estamos inmersos en la "crisis más profunda de la historia". El virus de la corona fue solo el catalizador. El paro en España ya está en el 35%, y se espera que suba al 50% o 60% en los próximos años, y que el resto de Europa siga su camino.

El problema con los referendos es que son calificados como una invención de Putin", comenta sarcásticamente. Por eso el último referéndum sobre Ucrania, que fue diseñado para ser antieuropeo, tuvo que ser cancelado muy pronto". Pero, ciertamente, se puede preguntar a la gente si quiere el euro. Reconociendo que esto supone una concesión de soberanía porque se necesitaría un ministro de finanzas central".

Suicidio económico

'Pronto podrás votar a políticos belgas, franceses e italianos de los que nunca has oído hablar, políticos que tomarán decisiones sobre la moneda europea, que se guarda en un gran bote y se utilizará para los países empobrecidos (del euro)... ¿Son esas personas conscientes de que están donando su propio dinero, y que como resultado, pronto estarán significativamente peor económicamente?

'La 'Nueva Normalidad' me recuerda a un episodio del Planeta de los Simios'.

La "nueva normalidad", en cambio, es cualquier cosa menos normal. Es como un Planeta de los Simios", dice Wellens. Una forma de semidictadura", dice el autor. "Sólo se trabaja en casa, ¿no?", dicen los que se alegran de las medidas. Sí, todavía puedes decir eso como funcionario cuyo sueldo se paga como siempre'.

"¿Nos dan la paga del café?" es un tema de conversación entre los funcionarios, así como en muchas grandes empresas. Wellens ha oído hablar de ello de primera mano. Personas que dicen que solían comprar café en el trabajo pero que ahora se sientan en casa y quieren saber si pueden recibir un reembolso o deducirlo de sus gastos de viaje. Están discutiendo por un helado de espaldas al mar mientras se acerca un maremoto de 16 metros de altura", dice Hulleman.

Estrangulamiento": El CPB ya ha admitido que la economía disminuirá un 25%.

Las personas que se ven obligadas a quedarse en casa y cuyos sueldos no se pagan en absoluto (aunque esto nunca puede continuar financieramente por mucho tiempo) ya deberían ser consideradas desempleadas.

Wellens repite: "La nueva normalidad es el suicidio económico". 'Eso no va a funcionar en absoluto; será un estrangulamiento'. Un metro y medio nunca será suficiente. Muchas empresas, incluida la hostelería, no pueden sobrevivir con sólo 1/6, o incluso la mitad, de sus clientes y, en consecuencia, de su facturación.

Debido a los meses de cierre (total o parcial), muchas más empresas irán a la quiebra, causando una devastación económica y social irreparable en toda la UE. Como consecuencia, el desempleo posterior será masivo.

Habríamos tenido una nueva crisis bancaria y del euro incluso si Corona no hubiera ocurrido. Corona simplemente ha acelerado un poco la cuestión. Como no se arregló nada después de la crisis de 2008, y no se arregló nada después de la crisis bancaria de 2015, la próxima catástrofe sería "el doble de terrible". En el verano de 2019, Wellens se permitió advertir a la Cámara de Representantes sobre esto por tercera vez, pero fue desestimado una vez más.

Esta catástrofe es más grave que la crisis económica de la Segunda Guerra Mundial", dijo. 'Hemos alcanzado el nivel de la República de Weimar'. Tendríamos que reducir el desorden a la mitad (deudas, etc.), por lo que tendríamos que cancelar todas las hipotecas, renunciar a las deudas y a los créditos, y empezar de nuevo. Sí, mucha gente se enfurecerá'.

Mientras se produce un incendio en la puerta de entrada, la UE se comporta como numerosos habitantes de un complejo de viviendas que discuten sobre quién debe pagar los extintores, qué sistema deben elegir y cómo debe financiarse.

Capítulo 3: ¿Hiperinflación en Estados Unidos?

El bulo de la pandemia ha hundido a Occidente en una deuda más profunda que la de la Segunda Guerra Mundial: el mayor fondo de pensiones de Gran Bretaña (el sexto del mundo) informa a los inversores de que retirar el dinero podría tardar hasta 95 días, y advierte de una posible insolvencia; Estados Unidos predice una hiperinflación en un futuro próximo.

La mayoría de la gente parece creer que es normal que los bancos centrales sigan produciendo enormes cantidades de dinero de la nada con sólo tocar un botón, para que los gobiernos puedan seguir gastando grandes sumas de dinero mientras mantienen su poder adquisitivo. Cualquiera que haya tomado dos clases de economía en la escuela secundaria sabe que esto va en contra de todas las leyes financieras y fiscales, y que resultará en una obra de teatro tarde o temprano. Ya casi está aquí: el Banco de América ha declarado oficialmente la HIPERinflación. Esto significa que el valor de la moneda caerá en picado, y el coste de la mayoría de los productos y servicios se disparará.

Según los datos anuales, el número de empresas estadounidenses que declaran una inflación (elevada) ha aumentado en torno al 800%. Como resultado, Bank of America no puede evitar concluir que esto "como mínimo indica que la hiperinflación 'temporal' está en camino". Las materias primas (+28%), los precios al consumo (+36%), el transporte (+35%) y los productos manufacturados, en particular, están a punto de reventar de precio. A pesar de que el BdA cree que seguirá siendo "manejable", la hiperinflación es un proceso que demuestra intrínsecamente que algo se está saliendo de control.

Precios exorbitantes

Esto significa, entre otras cosas, que los ciudadanos pronto tendrán que pagar bastante más por casi todo, y a un ritmo mucho más rápido. De hecho, ya podemos ver esta alta inflación encubierta en el aumento de los precios de la propiedad (después de todo, éstos no están asociados a una fuerte recuperación económica, sino a una economía de deuda financiada por el gobierno). Además, cada vez más consumidores se quejan de que sus compras semanales se han encarecido considerablemente en poco tiempo.

El fin de la prosperidad se acerca.

Aunque resulte penoso leerlo, el fin de la prosperidad occidental está a la vista. De hecho, la situación de Europa no es diferente a la de Estados Unidos, y en algunos aspectos es más grave. Consideremos las interminables deudas soberanas de Italia, Grecia y España, así como de Francia y Bélgica. Además, grandes bancos sistémicos europeos como Deutsche Bank, Société Générale y UniCredit están básicamente en quiebra a nivel técnico.

El Nuevo Acuerdo Verde y el Gran Reajuste

El "Green Deal" de la UE y el "Great Reset" del Foro Económico Mundial están por encima. El primero hará que la energía, el transporte y los alimentos sean casi inasequibles para millones de personas, mientras que el segundo eliminará de forma permanente los últimos vestigios de libertad y autodeterminación que nos quedan, dejando sin trabajo a entre el 35% y el 41% de las personas, según las propias cifras del Foro Económico Mundial.

Y, mientras Occidente se desgarra al darse cuenta de la gravedad de la situación, China y Rusia ya han empezado a tomar la iniciativa.

Capítulo 4: ¿Escasez de combustible y alimentos?

¿Es este el calentamiento final para el próximo gran ciberataque de Occidente?

Según los expertos, el ciberataque al principal oleoducto de combustible de Estados Unidos podría haberse resuelto en cuestión de horas, por lo que tiene todos los visos de ser una operación de "falsa bandera" diseñada para poner al pueblo estadounidense completamente de rodillas ante la incipiente dictadura comunista de la ONU y el FMI contra el cambio climático. Las primeras gasolineras se han quedado sin combustible, y las que quedan están subiendo sus precios de forma drástica. Durante un largo período, el combustible puede ser racionado, y una vez que ese sea el caso, los alimentos seguramente seguirán.

Según un experto en informática, el oleoducto Colonial de Houston (Texas) a Linden (Nueva Jersey) podría haber vuelto a funcionar en cuestión de horas si se hubieran sustituido rápidamente los equipos averiados, ya que la mayoría de los servidores informáticos actuales son máquinas virtuales (VM). La interrupción habría durado apenas unos minutos si sólo se hubiera dañado el software. En consecuencia, el oleoducto contaba con muchas copias de seguridad en todos los sentidos.

Dado que hasta el final de la semana no se ha producido ninguna recuperación, este experto en informática cree que la escasez de combustible se está produciendo de forma aleatoria. El gasóleo se sigue utilizando en los camiones, pero sólo durante un tiempo limitado. Los supermercados se vaciarán rápidamente si la situación se detiene hoy o mañana, amenazando con el miedo absoluto y el pandemónium. El país se paralizará en una semana, el suministro de agua potable estará en peligro en dos semanas, y la civilización se acabará en cuatro semanas.

El gobernador de Carolina del Norte ha proclamado el estado de emergencia y ha racionado temporalmente (¿?) la gasolina. Los surtidores de las principales empresas, como Shell y BP, se enfrentan ahora también a problemas de suministro.

¿Te estás quejando? No si votaste por este sistema en primer lugar.

Los votantes de izquierdas, en particular, no deberían quejarse, porque estos partidos -como casi todos los partidos de la oposición de izquierdas, por cierto- apoyan abiertamente la agenda del Gran Reset / Reconstruir Mejor / Agenda-21/2030 y han estado trabajando incansablemente durante muchos años para traer este futuro a ustedes y a sus (nietos).

Excepto para ellos mismos, porque, como en anteriores dictaduras comunistas y fascistas en el pasado, la élite del poder se asegurará de que nunca se vean afectados por sus propias leyes de libertad y destrucción de la riqueza.

37

Capítulo 5: ¡¿Se necesitará un ciberataque?!

En 2021-2022, se formará un nuevo sistema totalmente digital, largamente planificado, una tecnocracia comunista-fascista, sobre los restos del sistema actual.

El Foro Económico Mundial de Klaus Schwab "simulará" un gran ciberataque en verano, al igual que un ejercicio "real" con una pandemia corona (Evento 201) que se realizó en octubre de 2019 y se llevó a cabo tres meses después. El Cyber Polygon 2021 tendrá lugar el 9 de julio de 2021, y servirá como guión detallado de lo que ocurrirá más tarde (posiblemente ya en otoño): un "ataque" masivo a la infraestructura digital y energética, que pondrá de rodillas a Occidente, en particular, antes del Gran Reset.

¿Por qué participan los rusos en esto?

No está claro quién será responsable de esta atroz operación de falsa bandera. La obvia es el argumento probado de que "¡los rusos lo hicieron!". Sberbank, el mayor banco estatal de Rusia, participa en el Cyber Polygon 2021 con su negocio cibernético BIZONE.

Entonces, ¿qué es exactamente lo que está pasando aquí? ¿Forma Rusia parte del plan del Foro Económico Mundial para poner a Occidente de rodillas de una vez por todas? ¿O están los rusos participando en el Polígono Cibernético 2021 porque los principales políticos y líderes militares estadounidenses han amenazado abiertamente a Rusia con un ciberataque durante años? Si este es el caso, sería prudente informarse lo mejor posible sobre las tácticas del enemigo para poder defenderse.

En 2021-2022, habrá una megacrisis financiera.

Como se ha explicado en los capítulos anteriores, la inevitable megacrisis financiera se ha predicho durante años, porque el sistema bancario occidental -y en particular el europeo- está técnicamente en quiebra, la deuda en rápido crecimiento se ha vuelto insostenible, el euro sólo tiene valor de papel, y los años de tipos de interés negativos del BCE han erosionado completamente los ahorros, las pensiones y el poder adquisitivo del euro. Como resultado, estamos viviendo "en tiempo prestado" o, por decirlo de otra manera, en tiempo comprado con cantidades masivas de nuevo dinero digital (decenas de miles de millones cada mes), lo que sólo ha servido para posponer el gran golpe (y que, en parte debido a esto, será mucho más duro, y probablemente será un hecho en 2021-2022).

Como la gran crisis sistémica está tan cerca, los gobiernos, los bancos y los grandes actores financieros necesitan un chivo expiatorio para su planeado golpe de "falsa bandera", que asestará un golpe final "controlado" al sistema enfermo antes de que se derrumbe por sí mismo. La devastación causada por el colapso será tan masiva, con tantas víctimas, que cientos de millones de personas desesperadas querrán descargar sus frustraciones sobre los verdaderos responsables, en este caso los mismos gobiernos y bancos, dirigidos por grandes organizaciones globalistas, con el Foro Económico Mundial a la cabeza. **¿Quién va a ser el chivo expiatorio?**

Es "esencial" asignar un chivo expiatorio a la opinión pública para evitar trastornos y revoluciones. Tal vez esté involucrado otro grupo de hackers rusos, chinos o de Europa del Este. China podría ser ideal para Estados Unidos, ya que el Pentágono está planeando una guerra "caliente" contra ella en un futuro próximo. Irán y Corea del Norte también podrían ser citados, tal vez colaborando con China para formar un nuevo "eje del mal", contra el que habría que luchar "naturalmente".

¿Es el odio con China sólo una treta diseñada para avivar el miedo de la población a la guerra y otros desastres? Al fin y al cabo, tanto Estados Unidos como la UE intentan reproducir el régimen de control autoritario de China.

Otra posibilidad es que el asalto cibernético de falsa bandera se remonte a Israel, que la OTAN y el Consejo de Seguridad de la ONU explotarán para obligar al país amenazado militarmente a aceptar un "plan de paz" que dividirá el país en dos y convertirá a Jerusalén en una especie de capital internacional. El Vaticano y la masonería tienen la vista puesta en Jerusalén desde hace mucho tiempo, como demostramos en varios artículos hace más de diez años, ya que quieren convertirla en el centro de una especie de nueva religión mundial unificada.

En cualquier caso, el bulo de la pandemia de la corona ha demostrado sin ambigüedad que hay que presentarlo como algo descabellado o improbable para que el público occidental, enormemente desinformado, indiferente y borracho, lo crea. TODO lo que afirman los gobiernos y los medios de comunicación se acepta ahora como un hecho porque "se emitió en la televisión, así que debe ser verdad".

Una tecnocracia comunista-fascista en la que tu propio cuerpo ya no es tuyo.

Desde el año pasado, el Gran Reajuste del Foro Económico Mundial ha estado rompiendo y cambiando dramáticamente nuestra sociedad. Los últimos vestigios de libertad, democracia y autodeterminación se desvanecerán para siempre, el dinero en efectivo será sustituido por monedas totalmente digitales, y el nuevo "capitalismo de las partes interesadas" no será más que un sistema combinado comunista-fascista en el que los ciudadanos y las empresas lo perderán todo, incluido el derecho a controlar sus propios cuerpos.

El gobierno se convierte efectivamente en el único accionista principal en casi todas las facetas de la vida. Debido a que este sistema permite la introducción de una Renta Básica Universal, y a que el mencionado ciberataque planeado traería tanta confusión y agonía, la gente aceptará cualquier remedio sin preguntar, incluso con tremenda excitación. ("Ordo ab Chao") es una frase latina que significa "orden de los dioses".

Sin embargo, los supervivientes de la inminente crisis global pronto descubrirán que no tienen ningún poder ni voz en el nuevo sistema, ni siquiera sobre sus propios cuerpos. Se convertirán en esclavos digitales genéticamente alterados, una forma de androides o ciborgs, como resultado de una vacunación forzada de ARNm tras otra, potencialmente pronto portadores de nano-chips. Klaus Schwab ha proclamado prácticamente la implantación de escáneres cerebrales forzados y chips que pueden controlar y alterar sus pensamientos, deseos y fuerza de voluntad.

El Foro Económico Mundial está poniendo en peligro la supervivencia de la humanidad, por lo que es necesario un verdadero Great Reset.

Como resultado, el Foro Económico Mundial se identifica claramente como una de las mayores amenazas para la supervivencia de la humanidad. Es posible que el Foro Económico Mundial, con la ayuda de las potencias occidentales, llegue muy lejos, pero anticipamos que este atroz régimen antihumano no sobrevivirá mucho tiempo. Creen que pueden controlar y cambiar la naturaleza humana debido a su ilimitada arrogancia, pero lo que crearán es nada menos que el infierno en la Tierra, que se consumirá bajo el peso de su propia malignidad megalómana.

Entonces, según los creyentes, será el momento de un verdadero Gran Reajuste, que se llevará a cabo "desde lo alto". Ese reino de paz continuará para siempre, y Klaus Schwab, Bill Gates, George Soros y Mark Zuckerberg, así como la élite bancaria que sigue por encima de ellos, comandada por la famosa familia Rothschild, ya no serán bienvenidos. Esa "Babilonia" será demolida para siempre, y no volverá a levantarse para atormentar a la humanidad.

La llegada de una nueva Gran Depresión es simplemente una cuestión de tiempo.

Estaríamos ahora en una depresión peor que la de los años 30 si la mitad de la economía no se hubiera puesto a gotear desde el año pasado. Así que es una buena solución, ¿no? Intenta recordar tu primera lección de economía en el instituto, o la pregunta que casi todos los niños han hecho a sus padres en algún momento de por qué no ponemos dinero en la fotocopiadora para tener siempre suficiente y poder hacernos "ricos".

Hay que volver a rescatar a los bancos

Ya nadie habla de la necesidad de reducir la deuda. Todas las partes -gobiernos y empresas- esperan que los tipos de interés se mantengan en cero o en negativo para siempre, y que el dinero siga sin jugar ningún papel para el Estado. De hecho, el escenario de horror absoluto es una subida de los tipos de interés. Incluso si es pequeña, eso empujará inmediatamente a dos estados europeos de deuda mucho más grandes, Italia y España, a la bancarrota estatal. El rescate está descartado, ya que costaría billones de euros. Por lo tanto, el colapso de cualquiera de estos dos países significa inmediatamente el colapso de la eurozona.

Contribuciones al saneamiento", pero ¿de quién?

En consecuencia, el FMI aconseja a los gobiernos que impongan "pagos de saneamiento" sobre los ingresos, los activos y las ganancias, un consejo extraño dado que sólo un desarrollo económico fuerte y sostenido puede sacarnos del borde de un colapso sistémico. Si a continuación se imponen impuestos aún más altos a un sector económico ya en dificultades, sólo se conseguirá el efecto contrario: la crisis se acelerará e intensificará, cientos de miles de empresas fracasarán y un sinfín de personas perderán sus empleos.

Y no se puede obtener nada más de una población que ya está agotada. Unos impuestos aún más altos y unos recortes peores hundirán en la miseria a importantes franjas de las clases bajas y medias. Los gobiernos no tienen más remedio que recurrir a una represión financiera draconiana, que perjudicará al ciudadano medio, pero sobre todo a los pobres y vulnerables.

Es posible que pronto millones de personas no puedan pagar necesidades básicas como la vivienda, la energía y los alimentos. La mayoría de nosotros tendremos que apretarnos el cinturón en sentido figurado y literal.

Algunos analistas predicen una hiperinflación al estilo de Weimar, que acabará con nuestro poder adquisitivo por completo. Sin embargo, dadas las actuales circunstancias de vulnerabilidad de muchos residentes y empresas, incluso una tasa de inflación mucho más baja, del 3% al 4%, será el golpe definitivo. En poco tiempo, los bonos del Estado, los planes de seguro de vida, los fondos de pensiones y los ahorros no tendrán ningún valor.

La sexta aseguradora del mundo ha lanzado una advertencia de "insolvencia".

Las señales de que la crisis del sistema financiero está cada vez más cerca son también evidentes en el Reino Unido, donde Aviva, la mayor aseguradora/fondo de pensiones del país y la sexta del mundo, ha notificado a sus clientes que retirar dinero de sus cuentas podría tardar hasta 95 días.

La advertencia real de que "en el improbable caso de que nos volvamos insolventes... " es mucho más aterradora. Si un banco, una aseguradora o un fondo de pensiones emplean esa palabra, es señal de que se enfrentan a problemas muy graves y probablemente irresolubles.

El oro, la plata y el dinero en efectivo se retiran de Gran Bretaña

Una gran suma de oro, plata y dinero en efectivo fue retirada abruptamente del Reino Unido y transferida a Qatar a principios de la semana pasada, sin ninguna explicación. El Banco de Pagos Internacionales (el banco BIS de Basilea, el "banco central de los bancos centrales") registró un pago de 1.800 millones de dólares de la Fundación Hillary Clinton al Banco Central de Qatar.

Las posibles teorías van desde el inminente colapso financiero del Reino Unido hasta un futuro conflicto con Rusia en el que las ciudades británicas podrían ser aniquiladas con armas nucleares.

Los ciudadanos y las empresas no serán dueños de nada en el euro digital.

Hemos estado advirtiendo durante años que una crisis sistémica está en camino, y parece estar acercándose. El 'Gran Reset', que no es más que el establecimiento de una dictadura tecnocrática comunista climática-vacuna sin precedentes, se utilizará para impulsar el 'Gran Reset', que se desencadenará bajo el disfraz de un ciberataque de falsa bandera (¿supuestamente por Rusia?).

En términos financieros y económicos, esto significa que el euro será totalmente digital, que todo (incluso tu propio cuerpo) estará controlado por el gobierno, y que los ciudadanos y las empresas estarán para siempre desprovistos de cualquier tipo de propiedad o de voz en el asunto. El Foro Económico Mundial también prevé una tasa de desempleo permanente de entre el 35 y el 41 por ciento, así como la implantación de una renta básica que sea lo justo para mantener a la gente viva.

¿Quieres este reinicio del FEM? Entonces lo tendrás.

Esto es lo que ocurrirá, y no se podrá detener. Incluso si la mayoría de la gente se despertara en el último minuto y se rebelara contra él, todavía sería necesario un "Gran Reset", pero de una magnitud completamente diferente a la del FEM y los globalistas de Washington, Bruselas, Londres, París, Berlín, Roma y La Haya. Su reinicio concentra todo el poder y las riquezas en un pequeño grupo de personas, mientras que el reinicio que realmente necesitamos logra exactamente lo contrario.

El Deutsche Bank, técnicamente en bancarrota, ha advertido que el "Acuerdo Verde" de la UE, que supuestamente permitirá el "Gran Restablecimiento", desencadenará en cambio una megacrisis y dará paso a una ecodictadura que destruirá nuestra actual riqueza.

Capítulo 6: ¿La próxima guerra mundial?

Occidente cometió un error catastrófico al esperar que Rusia sólo desplegara armas nucleares en el último momento.

El Mando Estratégico de Estados Unidos (USSTRATCOM) ha publicado un informe en el que afirma que ya se considera oficialmente la imprevisibilidad de la guerra nuclear. El espectro de conflictos actual no es lineal ni predecible. Debemos considerar la posibilidad de que una confrontación pueda conducir rápidamente a circunstancias que puedan llevar a un adversario a utilizar las armas nucleares como último recurso". Lo que Estados Unidos no reconoce es que Rusia no esperará a que termine una guerra convencional para recurrir a las armas nucleares.

Sorprendentemente, la OTAN sigue creyendo que Rusia es incapaz de ganar una guerra. Al creerlo, la OTAN incurre en la gran falacia de que los rusos tratarán primero de repeler un ataque occidental por medios convencionales, y sólo cuando estén en peligro de perder esa batalla recurrirán a las armas nucleares.

Esta doctrina militar se basa sobre todo en una mezcla de arrogancia desenfrenada sobre una superioridad militar que ya no existe en la realidad y en una completa falta de comprensión de la mentalidad rusa (y china también). Por otro lado, el presidente Vladimir Putin fue muy explícito cuando dijo en una conferencia de prensa hace unos años que una cosa que aprendió en la calle es que cuando estás acorralado y una pelea es inminente, lo mejor es dar el primer golpe tú mismo.

Cientos de miles de tropas se enfrentan entre sí.

Cerca de Luhansk y Donétsk (el Donbass), Ucrania ha reunido 110.000 hombres, junto con 450 tanques y 800 piezas de artillería. Otros 40.000 soldados de la OTAN están estacionados en las naciones que rodean a Ucrania. El lunes pasado, Estados Unidos comenzó a transferir tanques, aviones de combate y otro armamento al futuro campo de batalla.

Hay entre 150.000 y 200.000 soldados rusos, 1.300 tanques, 1.300 piezas de artillería, 380 lanzacohetes múltiples, 300 aviones de combate y bombarderos, 3.700 drones, 280 helicópteros, 26 barcos y más de 4.000 vehículos blindados desplegados en un frente de 1.000 kilómetros. Por cierto, estos no fueron transferidos al frente hasta que Ucrania envió decenas de miles de tropas al Donbass y el presidente Zelensky firmó un documento exigiendo la captura de Crimea, que era esencialmente una declaración de guerra contra Rusia.

Está claro que el Kremlin ha trazado una línea tras años de férrea paciencia y muchos intentos de reconciliación, todos ellos rechazados repetidamente por Occidente. No renunciará a Crimea, no permitirá que Ucrania inicie otra guerra contra los ciudadanos rusos en el Donbass y no aceptará que no se complete el gasoducto NordStream II hacia Alemania. Los estadounidenses pretenden privar a Rusia de sus beneficios y obligar a los europeos a comprar su GNL, mucho más caro, como resultado de sus típicas tácticas de chantaje.

Si se llega a la guerra, Ucrania no tendrá ninguna oportunidad contra Rusia. Sólo si la OTAN y los EE.UU. deciden posteriormente no intervenir bajo ninguna circunstancia, se evitará todavía una tercera guerra mundial.

Occidente actúa "como un Papá Noel drogado". ”

Intentar imponer aún más sanciones a Rusia no ha dado históricamente ningún resultado. La economía rusa ha seguido creciendo, lo que ha acercado a rusos y chinos. Por ello, Margarita Simonyan, jefa de los medios de comunicación estatales rusos, comparó el comportamiento de los estadounidenses occidentales con "una especie de Santa Claus maníaco que toma antidepresivos o drogas". ”

Intentar imponer aún más sanciones a Rusia no ha dado históricamente ningún resultado. La economía rusa ha seguido creciendo, lo que ha acercado a rusos y chinos. Por ello, Margarita Simonyan, jefa de los medios de comunicación estatales rusos, comparó el comportamiento de los estadounidenses occidentales con "una especie de Santa Claus maníaco que toma antidepresivos o drogas".

Capítulo 7: Mentiras flagrantes

La cumbre de la Fuerza Aérea de EE.UU. deja el F-35 fuera de las simulaciones al estar asegurada su derrota.

Mientras Rusia y Ucrania prueban sus búnkeres nucleares para ver si siguen siendo operativos en caso de guerra nuclear, los medios de comunicación occidentales y el público siguen creyendo que la ignorancia es una bendición. Mucha gente, especialmente (ex) personal militar, asume que Estados Unidos y la OTAN simplemente "ganarán una guerra" con Rusia y/o China. Olvídalo, declara Scott Ritter, un oficial de inteligencia estadounidense "retirado "* que sirvió en el personal del general Schwarzkopf durante la Guerra del Golfo y como inspector de armas del INF y de la ONU en la (antigua) Unión Soviética.

Según él, la superioridad estadounidense se basa únicamente en "la mentira y el autoengaño". Incluso en las simulaciones, Occidente sólo puede ganar una guerra si hay un engaño flagrante.

La Fuerza Aérea de Estados Unidos realizó "ejercicios de guerra" en 2018 y 2019 para ver si podía proteger a Taiwán contra una invasión china. En ambas situaciones, Estados Unidos fue derrotado de forma contundente. El mismo simulacro se llevó a cabo en 2020, y Estados Unidos prevaleció, pero solo fabricando vastas capacidades como campos de aviación y centros de mando inexistentes, así como aviones que solo están en la mesa de dibujo o que aún no se han inventado. "Este experimento era lo más alejado de la realidad que se podía conseguir", añadió Ritter. La verdad es que Estados Unidos sólo puede defender a Taiwán contra China en sus sueños".

El proyecto de defensa europeo más caro es el "Naufragio del Cielo".

Sorprendentemente, el F-35, que también está sustituyendo al F-16 en Europa, ni siquiera se desplegó virtualmente en el último simulacro porque los altos mandos de la Fuerza Aérea estadounidense juzgaron que el avión es completamente incapaz de ganar una batalla en una guerra. (En todos los simulacros, los F-35 fueron "derribados del cielo como moscas", según un oficial del Pentágono hace unos años).

Y esta "ruina del cielo" fue comprada por Europa por 6.000 millones de euros, nuestro proyecto de defensa más caro de la historia. Buena suerte con él, o mejor dicho: buena suerte, si efectivamente se llega a una guerra con Rusia, como los globalistas occidentales parecen haber querido durante tanto tiempo.

Muertes vendidas como victorias, mentiras empaquetadas como verdades

Ritter ilustra que la superioridad aérea estadounidense, y por tanto la superioridad en el campo de batalla, hace tiempo que es cosa del pasado. Los pensamientos de la gente todavía están inundados con imágenes de la primera Guerra del Golfo en 1991, pero la situación actual es incomparable. Tras el 11-S, el ejército estadounidense pasó de ganar "grandes" batallas convencionales contra Rusia y China a la "guerra contra el terror" y la "construcción de países" (que en realidad se convirtió en la "destrucción de naciones" en todas partes).

Incluso las guerras extraordinariamente caras de Afganistán, Irak y Siria fueron difíciles de ganar al final. Al no poder ganar, Estados Unidos perdió las "guerras eternas" en Oriente Medio y el Sudeste Asiático. Como resultado, los altos mandos del ejército estadounidense han sido condicionados a ver el fracaso como una conclusión previsible, que se explica mintiendo a sí mismos, a sus superiores, o a ambos. Demasiadas profesiones de éxito se basan en mentiras que se disfrazan de verdades, en reveses que se disfrazan de éxitos y en defectos que se disfrazan de ventajas".

En una palabra, esa es la visión del mundo occidental en muchos sectores, no sólo en el militar. Es una señal de advertencia cada vez más fuerte de que nuestra civilización se ha vuelto contra sí misma a través de la corrupción, el ansia de poder, la codicia por el dinero y el nepotismo, y que está oyendo sordo y viendo ciego a su propia desaparición.

Sólo las armas nucleares pueden impedir que Estados Unidos luche contra China o Rusia.

En muchos sentidos, el recientemente concluido "juego de guerra" de la Fuerza Aérea estadounidense es un subproducto de esta psicosis: un ejercicio de autoengaño en el que la realidad ha sido sustituida por un mundo ficticio en el que todo funciona según lo previsto, aunque no exista. La Fuerza Aérea de Estados Unidos es actualmente incapaz de librar una guerra exitosa contra China o Rusia. Su capacidad para llevar a cabo con éxito una campaña aérea contra Irán o Corea del Norte también está en duda. Este es el tipo de verdad que haría perder el empleo a muchos altos cargos -con o sin uniforme- en un mundo en el que los hechos todavía importaran".

Sin embargo, debido a que la culpabilidad de esta incompetencia general es tan amplia, no es posible imaginar una verdadera rendición de cuentas por lo ocurrido". En cambio, cuando se enfrenta a la verdad de sus defectos, la Fuerza Aérea de los Estados Unidos "inventa" la victoria. Esta "victoria" no tiene sentido en sí misma. Si China invadiera Taiwán, Estados Unidos no tendría más remedio que utilizar armas nucleares para detenerla".

'Patrón de comportamiento basado en la falsedad, el engaño y el autoengaño'

La adquisición prevista de aviones adicionales, según Ritter, se basa únicamente en estas fabricaciones, en esta falsa noción de una fuerza aérea que puede "ganar" guerras.

La Fuerza Aérea de Estados Unidos sólo está repitiendo un patrón de comportamiento basado en la falsedad, el engaño y el autoengaño que ha permitido que la dirija durante las últimas dos décadas, incluyendo a los altos oficiales y a los líderes políticos. El efecto final será que, incluso si la Fuerza Aérea de los Estados Unidos recibe todos los recursos y capacidades necesarios para "defender" y ganar a Taiwán en un simulacro de guerra (lo que no sucederá), el único lugar en el que ganarán será en sus sueños".

Una guerra nuclear también la perderá Occidente.

Incluso si los estadounidenses recurren a las armas nucleares, según la personalidad de la radio estadounidense y ex funcionario de inteligencia Hal Turner, la lucha estará perdida. Cita el hecho de que Rusia ha construido enormes refugios para sus ciudadanos, en los que millones de personas pueden sobrevivir durante largos períodos de tiempo. Estados Unidos, al igual que Europa, no dispone de tales refugios.

Capítulo 8: China se une al juego

"En 4 semanas, podría desatarse una guerra mundial en Ucrania cuando Putin envíe 4.000 soldados y tanques a la frontera", titulaba recientemente The Sun, el periódico sensacionalista más famoso de Gran Bretaña.

Cause o no revuelo, el anuncio de que China enviará pronto 5.000 soldados a Irán es extremadamente peligroso. Además, Teherán hizo una demostración de un misil de crucero capaz de alcanzar Berlín, y los mulás garantizaron su apoyo a Rusia en caso de que Ucrania lanzara un ataque frontal contra Crimea y el Donbass, desencadenando una guerra dirigida por la OTAN.

Sólo un "psicoanalista" puede entender los objetivos de Moscú, según el analista militar ruso Pavel Felgenhauer, quien también advirtió que los acontecimientos podrían conducir a una guerra catastrófica en un mes.

Todo el dolor que trajo el golpe de estado en 2014

En 2014, la CIA orquestó un violento golpe de Estado en Ucrania con la ayuda de Estados Unidos y la UE. El presidente del país, elegido democráticamente, fue derrocado y sustituido por una dictadura títere respaldada por Occidente, que lanzó una guerra asesina contra la población de habla rusa del país en el este.

Con el fin de incorporar a Ucrania a la OTAN lo antes posible, se llevó a cabo un muy probable atentado de "falsa bandera" contra un avión de pasajeros (MH17) que volaba de Ámsterdam a Malasia y que fue dirigido deliberadamente por el control del tráfico aéreo ucraniano sobre zonas de guerra.

El principal puerto naval de Rusia en Sebastopol (Crimea) se perdería, y una vez que las bases de la OTAN se erijan en Ucrania, las armas nucleares de Rusia podrían ser destruidas por misiles estadounidenses en un ataque sorpresa en cuestión de minutos, dejando al país indefenso.

China envía 5.000 soldados a Irán, que ha lanzado un misil capaz de alcanzar Berlín.

Sin embargo, se está formando un eje que está harto de los años de racismo y belicismo de Occidente dirigidos por Estados Unidos, así como de todas esas misiones ostensiblemente "de paz y democracia" que han asesinado a millones de personas sólo en este siglo. La República Islámica de Irán, por ejemplo, presentó el sábado pasado un nuevo misil de crucero con un alcance de 3.000 kilómetros capaz de alcanzar Berlín.

Mientras tanto, China ha anunciado importantes gastos de mil millones de dólares en Irán, incluyendo el despliegue de 5.000 soldados y el establecimiento de nuevos puestos militares.

¿Se está apagando definitivamente la ya desaparecida luz de Occidente?

En enero de 2018, la BBC del Reino Unido emitió un noticiero simulado sobre el inicio de una guerra entre la OTAN y Rusia, con el lanzamiento de armas nucleares después de solo una hora. La cadena pública alemana emitió un anuncio ficticio similar sobre la Tercera Guerra Mundial con Rusia.

Llámalo alarmismo o programación predictiva, pero una cosa está clara a principios de 2021: en los últimos años, sólo hemos tenido líderes, medios de comunicación e instituciones en Occidente, así como en nuestro propio país, que sólo pueden mentir y engañar fríamente sobre temas importantes, ya sea sobre Rusia, el coronavirus, las vacunas o el clima. La luz, al igual que sus líderes, se ha desvanecido hace tiempo para aquellos que caen en esto con los ojos abiertos y/o a veces incluso piensan que es algo bueno. Peor aún, lo que antes era luz ha sido rebautizado como oscuridad, y lo que era oscuridad ha sido rebautizado como luz.

Rusia, China e Irán están bajo fuego, pero no está claro cuánto tiempo le queda a Occidente para entrar en razón, mirarse al espejo y admitir lo mucho que hemos caído como "civilización" avanzada. Si seguimos al ritmo actual, no serán más de 10 años o así, y si El Sol tiene razón por una vez, no serán más de 10 semanas. Cuando esta catástrofe más probable ocurra, será inesperada para la gran mayoría de nosotros, y totalmente nuestra propia responsabilidad, en nuestra opinión.

59

Capítulo 9: Occidente contra Rusia

Una "amenaza extremadamente grave para la seguridad nacional" está a un paso de declarar la guerra.

Debido a la "amenaza única y sin precedentes que representa Rusia para la seguridad nacional, la política exterior y la economía de Estados Unidos", el presidente estadounidense Joe Biden ha proclamado el "estado de emergencia nacional". Estados Unidos está expulsando a diez diplomáticos rusos y aplicando nuevas restricciones. Rusia está preparando intensamente su ejército y su flota para un gran conflicto (mundial), que le preocupa -y con razón- que los estadounidenses, cada vez más agresivos, quieran iniciar.

Los únicos que se interpusieron en el camino del "Gran Reset" de los globalistas occidentales fueron Trump y Putin. Trump fue exonerado gracias al mayor fraude electoral de la historia; ahora es el turno de Rusia. Los locos tecnócratas neomarxistas de Estados Unidos y Europa parecían creer que podían ganar una guerra contra Rusia sin causar demasiado daño.

Rusia se está preparando para la guerra.

Como consecuencia, Rusia expulsará a un gran número de diplomáticos estadounidenses. El estrecho de Kerch, que conecta la península de Crimea y el territorio continental ruso, se cerrará a todos los barcos de la marina y de propiedad extranjera a partir de la próxima semana.

El cierre durará hasta octubre y afecta principalmente a las ciudades portuarias ucranianas de Mariupol y Berdyansk.

Cerca de la frontera ucraniana, se vieron vehículos blindados y camiones rusos con las llamadas "rayas de invasión". Se pintan rayas blancas transparentes en los vehículos para protegerlos de ser derribados por sus propios aviones y tanques. Esto parece indicar que Rusia está considerando realmente poner fin a la administración neonazi respaldada por Occidente en Kiev, que, como saben nuestros lectores, lleva años intentando crear una guerra masiva entre la OTAN y Rusia.

Ucrania afirma que más de 110.000 soldados rusos, 330 aviones y 240 helicópteros estarán estacionados a lo largo de su frontera. Kiev alega que Rusia está transfiriendo armas nucleares a Crimea, pero tenemos nuestras dudas. De hecho, Rusia no tiene ninguna obligación de hacerlo; Ucrania podría ser teóricamente aniquilada por armas nucleares lanzadas desde cualquier lugar del planeta.

La mayor parte de la Flota rusa del Pacífico ha regresado a Vladivostok y está siendo debidamente reabastecida allí, según las imágenes de satélite. Al menos un buque de guerra está recibiendo "nuevos" misiles a bordo. Esto sugiere que Rusia espera que cualquier conflicto vaya más allá de Ucrania y llegue al resto del mundo.

Parece que un enfrentamiento militar entre Estados Unidos y Rusia es sólo cuestión de tiempo.

Ahora que el presidente de EE.UU. ha calificado a Rusia de "peligro para la seguridad nacional", y que Biden ha dado la orden de responder a esa "amenaza", el choque militar que Washington y Bruselas han deseado durante mucho tiempo parece ser sólo cuestión de tiempo, potencialmente a pocas semanas de distancia.

El presidente Putin reconoce desde hace tiempo cómo opera Occidente y, por ello, ha rechazado la oferta de una reunión con el vicepresidente Joe Biden. Esto no sería más que la mundialmente conocida diplomacia del chantaje occidental ("queremos la paz, pero sólo en nuestros términos, y si no estáis de acuerdo, nuestras bombas y misiles os seguirán"), que se ha cobrado la vida de millones de personas sólo en las dos últimas décadas.

'Los neoconservadores belicistas están haciendo exactamente lo que tuvieron que dejar de hacer en 2016 cuando la victoria de Trump echó por tierra sus satánicos preparativos de guerra con Rusia... Entonces fueron muchos los que afirmaron que Trump era peligroso', dice Hall Turner, un presentador de radio estadounidense. 'Este medio loco senil va a ser la ruina de todos nosotros', dice Biden.

Es de suponer que no hace falta explicar lo que esto dice sobre el estado mental de los líderes europeos, que se quedaron tan sorprendidos cuando este "medio tonto" belicista consiguió arrancar de la Casa Blanca al Trump que despreciaban, ni parece importarles lo que nos pase a ti, a mí y a cientos de millones de personas.

'El Estado-nación, la libertad y tu voz están siendo sofocados'. - Sólo la resistencia de las masas podrá impedir que se lleve a cabo este plan antihumano".

Café Weltschmerz ha publicado una entrevista con un conocido experto norteamericano sobre la Agenda 21, que puede resumirse como una toma de poder que acabará sometiendo al mundo entero a una dictadura comunista tecnocrática en la que los individuos y los pueblos no tendrán nada que decir, ni siquiera sobre su propia salud y sus vidas. La siguiente fase de este golpe de facto contra nuestra libertad, democracia y derecho a la autodeterminación ha comenzado con el engaño de la pandemia del miedo de Covid-19.

Por algo el Café Weltschmerz publica "El objetivo oculto que subyace a la caída de nuestra sociedad", un daño que también está llevando a cabo a propósito el gobierno europeo.

Rosa Koire, directora ejecutiva del Post Sustainability Institute y experta en el uso de la tierra y los derechos de propiedad, que ha pronunciado discursos por todo el mundo, fue entrevistada por el periodista independiente Spiro Kouras (Activist Post). Demócratas Unidos contra la Agenda 21 de la ONU, un sitio web al que no se podía acceder en el momento de escribir este artículo, tiene una recopilación de su trabajo.

Koire es también autor de "Behind the Green Mask: The United Nations Agenda 21". En 1992, 178 países, incluido el Vaticano, aprobaron la Agenda 21. Una élite de poder globalista busca el control total de toda la tierra, el agua, la vegetación, los minerales, la construcción, los medios de producción, los alimentos y la energía con este fin. Este control total debe extenderse a la aplicación de la ley, a la educación, a la información y a las propias personas.

Agenda 2030: un primer paso hacia la abolición del Estado-nación y la libertad

También hay que transferir grandes sumas de "dinero" de los países desarrollados a los países en desarrollo. Al final, se trata de robarte el derecho a tener voz y un gobierno representativo. Los gobiernos nacionales se convierten en burocracias. Se está erosionando sistemáticamente tu capacidad de ser libre y autosuficiente. La idea es trasladar la autoridad de los gobiernos locales y los individuos a una estructura de gobierno global...

Es un plan para desestabilizar y destruir el sistema actual. Es una estrategia de transformación y control, y eso es lo que estamos viendo ahora'.

La Agenda 2030, al igual que la 2020, 2025 y 2050, no es más que un paso adelante en la Agenda 21. Este nefasto esquema debe ser realizado para el 2050, con la ayuda y asistencia de grandes personalidades globalistas como

Ford, Rockefeller, Soros, Gates, Zuckerberg, Musk, el Papa, y, por último pero no menos importante, Rothschild. Todos los estados-nación serán eliminados en 2050, con la población mundial concentrada en unas pocas megaciudades que pueden engullir naciones y países enteros (al igual que los Países Bajos, junto con Bélgica y el Ruhr alemán, se convertirán en una gran ciudad).

'Esto pretende sofocar tu poder para controlar lo que te ocurre'. Es una estrategia mundial, pero se está aplicando de diversas maneras en todo el mundo'. Esto se hace a propósito para desviar la atención de la gente de los verdaderos objetivos.

En realidad, la Agenda 21 engloba todo lo que se denomina "verde" o "desarrollo sostenible". Esto incluye el "cambio climático", que abarca todos los acuerdos y esfuerzos sobre el clima, así como Covid-19. 'Un problema global requiere una respuesta global', argumentan. Esto requiere una gobernanza global".

El cambio climático y la pandemia de la corona "pretenden llevar a la gente a un estado de pánico, tan grave que literalmente te preocupa no sobrevivir", según los autores. Según Koire, que exista o no un problema climático es irrelevante. Es tan eficaz que se habría inventado a pesar de ello (de hecho, se inventó, se concibió, a principios de los años 90, lo que está literalmente escrito en los documentos de la ONU).

El "Gran Reajuste (Verde)" está en marcha.

Skouras menciona entonces el "Gran Reajuste (Verde)" del Foro Económico Mundial, anunciado en Davos. No quiero parecer alarmista", responde Koire, pero teme que este "reseteo" se esté llevando a cabo sin tener en cuenta el coste para las personas y la sociedad. Sin embargo, se mantienen las máscaras verdes, ya que una vez que se las quitan, aparecen las botas y las trincheras del ejército'. Literalmente.

Hemos llegado a una situación en la que los gobernantes se despreocupan de las protestas y preocupaciones de los ciudadanos. Es como si nos enviaran un mensaje de que ya no les importamos". Aunque parece que no hay mucho más que podamos conseguir, Koire cree que todavía se puede hacer.

La tecnología ha progresado hasta el punto de que dos grandes objetivos, la vida eterna y la capacidad de construir tu propia existencia, están ahora al alcance de la mano. Esta gente no tiene límites éticos, lo que es bastante preocupante. Lo viste con los nazis, Stalin y ahora con la administración actual. No hay nada que se pueda hacer para detener a esta gente'.

Todo y todos estarán conectados a Internet.

Todo y todos estarán conectados digitalmente en la "cuarta revolución industrial" que ya han puesto en marcha.

Están discutiendo un nuevo pacto social. En la mayoría de los casos, ambas partes de un contrato tienen algo que decir al respecto. Sin embargo, este es un contrato en el que ninguno de los dos tiene voz... Una de las causas del pánico en las calles se debe a esto. Se debe a que es una advertencia, un mensaje para nosotros: esto es lo que os ocurrirá si salís a la calle y desafiáis nuestro plan".

La gente me pregunta: '¿Quién es el que nos está torturando? Es el gobierno con el que estáis tratando. El gobierno de su país ha sido tomado". Se está intentando incitar a una insurrección con el apoyo de grupos y movimientos como Antifa y Black Lives Matter.

'Nos están atacando'. Este fue el catalizador de la deserción de Koire del Partido Demócrata. 'Sin embargo, los partidos no son más que una distracción. El poder no conoce ningún partido en la cima. Se están desplegando todos los medios disponibles en esta conquista globalista del poder.

El plan es interrumpir y volver a interrumpir, y eso es exactamente lo que está ocurriendo ahora. Es una estrategia bastante exitosa para destruir la cohesión social".

La deconstrucción individual se denomina "transformación".

La "transformación" es una palabra mágica de uso
común en la educación, la economía, la aplicación de la
ley y la sociedad. 'En realidad, la transformación
consiste en desmantelar al individuo, de cualquier
estructura 'antigua', como su familia, sus 'viejos' puntos
de vista o su fe... Es un enfoque psicológico que
deconstruye tu personalidad antes de reconstruirla
(según sus nuevos criterios)".
La palabra "racismo institucional" no es más que un
pretexto para destruir tu mente. Lo emplearon Mao
Zedong, Sung y los nazis. Es un método para
desmantelar tu individualidad con el fin de recrearte
como un nuevo ser humano, un nuevo ciudadano del
mundo".

**La inteligencia artificial y los humanos deben
convertirse en uno.**

La inteligencia artificial (I.A.) también desempeña un
papel en este proceso. Una fuerza policial (global) de
I.A. está en camino, y no estará formada por personas.
Los drones también acabarán siendo controlados por la
inteligencia artificial en lugar de por humanos. No creo
que haga falta explicarlo, porque entonces nos
encontramos en una situación realmente peligrosa". En
Singapur, los robots inteligentes se utilizan cada vez
más para imponer la separación social, mientras que
Nueva Zelanda presentó recientemente su primer
agente de policía con inteligencia artificial.

Se trata fundamentalmente de un objetivo antihumanitario, en el que quieren integrar la inteligencia humana y la de las máquinas (IA)", dijo Skouras.

Todo el mundo ha sido tachado de posible enemigo de los demás en virtud de las medidas de Covid-19. La premisa es que incluso tus familiares y amigos más cercanos ya no son de fiar. Al mismo tiempo, nuestra salud se deteriora, según Koire, lo cual es un componente clave del plan Agenda 21. 'Este es el plan del gobierno para inventariar y controlar todo, incluido tu ADN (de ahí la insistencia del gobierno en que el mayor número posible de personas se someta a la prueba del Covid-19, que permitirá extraer y almacenar tu ADN inmediatamente)'.

Debes "demostrar" que eres un ciudadano leal y obediente que es "digno" de seguir viviendo en el nuevo orden en función de tu "estatus de crédito social", como en China y pronto en EEUU y Europa. Por supuesto, el sistema ha estado haciendo esto durante mucho tiempo favoreciendo a personas brillantes seleccionadas, que luego son obligadas a pagar el precio. El sistema chino se implantará en todo el mundo.

Vacuna para la despoblación

"En los años 90, los chinos también prometieron colaborar con Estados Unidos en una vacuna de despoblación". ¿Es algo que realmente hicieron? ¿Esa vacuna está disponible en la actualidad y se está "vendiendo" a la humanidad con un nuevo nombre (tal vez la vacuna Covid-19)? En cualquier caso, la despoblación es un aspecto integral del plan. Debes ser 'separado' y reubicado si se descubre que no tienes suficiente valor y/o estás ocupando demasiado espacio, usando demasiada energía, agua o tierra.

'Este es el quid de la agenda del cambio climático'. La agenda del cambio climático de la Unión Europea tiene que ver con el cambio climático, y los agricultores europeos son muy conscientes de ello, ya que sus vidas y su trabajo se ven cada vez más imposibilitados por el gobierno europeo, que está ocupado en convertir todos los puntos de la Agenda 21 en política, sin importar el coste para la prosperidad y el bienestar de nuestro país.

La gran mayoría de la humanidad se verá obligada a vivir en megaciudades ("multiculturales"), donde cada elemento de nuestra vida estará vigilado y controlado las 24 horas del día, los 7 días de la semana, los 365 días del año. Este enfoque te quitará esencialmente toda la libertad. Y esto no es algo que ocurrirá en el futuro; es algo que ya está ocurriendo. Así que esto no es algo que sucederá en 2030 o 2050. El 2020 es un año extremadamente significativo. Muchas de estas estrategias ya se están aplicando a escala regional".

La conciencia es el primer paso; la acción es el segundo".

¿Es posible detener esto? El primer paso de la resistencia es la concienciación", explica Koire. El segundo paso es actuar". La gente tiene que reconocer que nos han socializado para ser pasivos y creer que pulsar "me gusta" en las redes sociales significa que estamos comprometidos políticamente; pero, si no sales de casa, no eres un activista político". Pretenden declarar ilegal e imposible de antemano la oposición pública al plan de destrucción y control absoluto de la Agenda 21, por lo que están imponiendo cierres y distanciamiento social.

'Y no pretendas que tu gobierno es tan horrible que no tienes recurso'. Seguro que lo parece, pero sólo porque has permitido que avance hasta aquí. No va a mejorar si lo ignoras. Por eso creo que deberías "ocupar" tu gobierno (lett. occupy, también "seize", "occupy" u "occupy"). Hazte cargo de tu propio gobierno. Sí, estamos en las últimas etapas del juego, y no nos queda mucho tiempo. Así que deberías haberlo hecho hace mucho tiempo".

La gente debe empezar a reconocer la Agenda 21 en sus propias comunidades y regiones. Es una buena idea plantear el tema en su ayuntamiento. Habla con los representantes del pueblo de forma regular sobre ello. Todos los puntos del orden del día de tu ayuntamiento están casi seguro vinculados a la Agenda 21". ' Anima a la gente a visitar su página web y a leer su libro para "saber cómo gestionan la opinión pública para que no les causes dificultades". Quieren que te sientes en la silla de tu casa'.

Así que involúcrese, hable con la gente y los funcionarios, distribuya folletos, comparta películas y escriba y publique sobre el tema". Porque ya no basta con ser consciente de la situación y no hacer nada al respecto. Hay que implicarse políticamente y estar dispuesto a aceptar que no se va a poder hacer con todo de inmediato'. Quieren empezar a sustituir la realidad por la RV (realidad virtual), por ejemplo, porque haría la vida mucho más agradable. Sin embargo, en cuanto empieces a hacerlo, tu vida se acabará'. En consecuencia, debes resistirte'.

Si hay que creer a Wikipedia, la Agenda 21 es una agenda antihumana.

'Habla de ello dondequiera que trabajes, dondequiera que vayas'. Eso irritará a mucha gente, y también te irritará a ti (más). Pero que así sea; nos guste o no, este plan es auténtico y se está aplicando ahora mismo". Lo que afirma Wikipedia sobre la Agenda 21 es incorrecto. No es voluntario ni 'no vinculante'. Este plan es obligatorio para ti.... Así que unámonos y combatamos esto. Todos debemos oponernos a él'.

Efectivamente", dice Skouras. Lo presentan como una forma de mejorar y salvar el planeta, el clima y el medio ambiente. Sin embargo, (el Plan 21 / 2030) es una agenda antihumana que se está aplicando actualmente. No queremos seguir ese oscuro camino hacia la tiranía".

Capítulo 11: Drama orquestado

Todo en aras de la realización de la "Agenda 2030", un gobierno comunista totalitario global que requiere la destrucción de la riqueza occidental - El Alto Comisionado de la ONU para los Derechos Humanos no quiere que los cierres terminen todavía.

En una entrevista con The Guardian, Lise Kingo, directora ejecutiva del Pacto Mundial de la ONU, admitió que existen "paralelismos muy, muy evidentes" entre la crisis humanitaria, las protestas "antirracistas" de y por Black Lives Matter, y la agenda climática. Según Kingo, la respuesta global a Corona -bloqueos, aislamiento social y destrucción parcial de la economía actual- es en realidad un "ensayo general" de lo que ocurrirá si se declara una "emergencia climática global".

Advirtió que la situación de Corona es sólo una "práctica de fuego" para lo que está por venir. Dijo que la llamada pandemia, las protestas contra el racismo y el clima forman parte de la "agenda de desarrollo sostenible" de la ONU. El único camino a seguir es crear un mundo en el que nadie esté en desventaja".

El asesinato del violento delincuente George Floyd en Minneapolis, según King, demuestra que aún persiste un "horrible racismo". Continuó diciendo que los "derechos humanos" están intrínsecamente relacionados con el medio ambiente. Además, la mujer aconseja a las grandes empresas y a los directores generales que se conviertan en "activistas sociales", afirmando que los jóvenes sólo trabajarán para ellos si se fomenta la "igualdad social".

El Alto Comisionado de las Naciones Unidas para los Derechos Humanos no quiere que terminen los encierros, a pesar de que las vacunas se están aplicando

A pesar de que decenas de millones de personas ya han perdido su trabajo y de que el número de muertes estimadas por los cierres será 25 veces superior al del coronavirus, la colega de Kingo, Michelle Bachelet, Alta Comisionada para los Derechos Humanos, cree que los cierres no deben levantarse "demasiado rápido".

De hecho, Bachelet dice tener miedo de la "segunda ola", que, según un gran número de científicos independientes y otros expertos, no será más que propaganda "psicológica" porque la mayoría del pueblo es naturalmente inmune al virus.

Las Naciones Unidas pretenden utilizar el tema de la corona para "derribar la economía fósil".

En abril, el secretario general de la ONU, António Guterres, instó a Occidente, en particular, a utilizar las sanciones para desestabilizar la economía "fósil". Guterres, un marxista nato, ve la crisis financiera como una oportunidad de oro para implementar su visión de una tiranía comunista mundial bajo la bandera de las

Naciones Unidas ("Agenda 2030"). Si el dinero de los impuestos se utiliza para rescatar a las empresas, debe utilizarse para promover los empleos verdes y el crecimiento inclusivo a largo plazo". No debe salvar a las empresas contaminantes e intensivas en carbono que están anticuadas'.

Este curso de acción tendrá como resultado el desempleo de cientos de miles, si no millones, de personas sólo en Europa, así como la pobreza generalizada. Para evitar una rebelión generalizada, el imperio está expropiando y/o nacionalizando de facto varias empresas con ayuda del gobierno, dando al imperio un control completo sobre la naturaleza y el futuro de estas empresas - si es que se les permite existir.

Ambas agendas han sido firmadas por el gobierno europeo, que lleva años siguiendo un programa activo para causar un daño irreversible a la agricultura, la economía, el suministro energético y la sociedad europea con el fin de cumplir la Agenda-2030, para la que también se desarrolló el "New Deal" verde de la UE.

Nuestros otros libros

Consulte nuestros otros libros para ver otras noticias no divulgadas, hechos expuestos y verdades desacreditadas, y mucho más.

Únase al exclusivo Círculo de Medios de Comunicación de Rebel Press.

Todos los viernes recibirás en tu bandeja de entrada nuevas actualizaciones sobre la realidad no denunciada.

Inscríbase hoy aquí:

https://campsite.bio/rebelpressmedia